浙江省地方标准

高速公路边坡养护技术规范

Technical specification for expressway slope maintenance

DB 33/T 2099—2018

主编单位:浙江省交通投资集团有限公司
浙江省交通规划设计研究院
批准部门:浙江省质量技术监督局
实施日期:2018 年 02 月 05 日

人民交通出版社股份有限公司

图书在版编目(CIP)数据

高速公路边坡养护技术规范 / 浙江省交通投资集团有限公司，浙江省交通规划设计研究院主编. — 北京 ：人民交通出版社股份有限公司，2018.3

ISBN 978-7-114-14182-9

Ⅰ. ①高… Ⅱ. ①浙… ②浙… Ⅲ. ①高速公路—边坡—公路养护 Ⅳ. ①U418

中国版本图书馆 CIP 数据核字(2018)第 049945 号

书　　名：高速公路边坡养护技术规范
著 作 者：浙江省交通投资集团有限公司
浙江省交通规划设计研究院
责任编辑：黎小东
出版发行：人民交通出版社股份有限公司
地　　址：(100011)北京市朝阳区安定门外外馆斜街 3 号
网　　址：http://www.ccpress.com.cn
销售电话：(010)59757973
总 经 销：人民交通出版社股份有限公司发行部
经　　销：各地新华书店
印　　刷：北京鑫正大印刷有限公司
开　　本：880 × 1230　1/16
印　　张：3
字　　数：82 千
版　　次：2018 年 3 月　第 1 版
印　　次：2018 年 3 月　第 1 次印刷
书　　号：ISBN 978-7-114-14182-9
定　　价：30.00 元

目　　次

前　　言

本标准依据 GB/T 1.1—2009《标准化工作导则　第 1 部分:标准的结构和编写规则》给出的规则起草。

本标准的某些内容可能涉及专利,本标准的发布机构不承担识别这些专利的责任。

本标准由浙江省交通运输厅提出并归口。

本标准起草单位:浙江省交通投资集团有限公司、浙江省交通规划设计研究院。

本标准主要起草人:曹德洪、赵长军、王丽健、姜正晖、赵涵秀、段冰、林育萍、毛斌、张勇、钱丽英、周献涛、吴向阳、陆建阳、王黎明。

高速公路边坡养护技术规范

1 范围

本标准规定了高速公路边坡养护的基本规定、检查与安全风险评估、日常养护、专项整治、边坡监测、安全管理和信息化管理等的技术要求。

本标准适用于高速公路边坡养护。

2 规范性引用文件

下列文件对于本文件的应用是必不可少的。凡是注日期的引用文件，仅注日期的版本适用于本文件。凡是不注日期的引用文件，其最新版本（包括所有的修改单）适用于本文件。

GB/T 18314 全球定位系统（GPS）测量规范
GB 50026 工程测量规范
GB 50843 建筑边坡工程鉴定与加固技术规范
JTG C20 公路工程地质勘察规范
JTG F80/1 公路工程质量检验评定标准 第一册 土建工程
JTG H30 公路养护安全作业规程
DB 33/T 916 公路边坡植被防护工程施工技术规范
DB 33/T 956 高速公路大中修工程质量检验评定规范

3 术语和定义

下列术语和定义适用于本标准。

3.1

边坡 slope

由自然重力作用或人为作用而形成的具有侧向临空面的岩土体。

[注：改写自 DB 33/T 916—2014，术语 3.1]

3.2

边坡养护 slope maintenance

为保持边坡及其设施正常使用而进行的检查、评估、保养、维修、专项整治、监测等工作。

3.3

安全风险评估 safety risk assessment

对边坡灾害发生概率、危害范围及可能导致的人员伤亡、财产损失等进行量化评估的工作。

3.4

安全风险分数（RS） safety risk score

用以表征边坡安全风险程度高低的数值。

3.5

安全风险类别 safety risk classification

根据边坡安全风险分数和技术状况将边坡安全风险划分成的不同类别。

3.6

养护等级 maintenance grade

为指导实施差异化养护，根据安全风险类别、交通量等，将边坡养护划分而成的不同等级。

3.7

专项整治 special treatment

在一定时期内针对突出的边坡病害或安全风险较高的边坡开展的集中治理。

3.8

信息化管理 information management of slope maintenance

应用计算机、通信和传感等信息技术进行的边坡养护管理。

3.9

应急抢险工程 emergency rescue project

边坡发生突发性灾害（包括次生灾害、衍生灾害）后，对其实施开辟应急通道、抢修、排险等措施的工程。

4 基本规定

4.1 边坡要素与分类

4.1.1 边坡要素由坡顶、坡顶线、坡面、坡体、平台、坡脚、坡脚线等组成，边坡几何参数含坡长、坡高、坡率、平台宽度、走向、倾向、坡角、坡底角度、坡顶角度等，如图1所示。

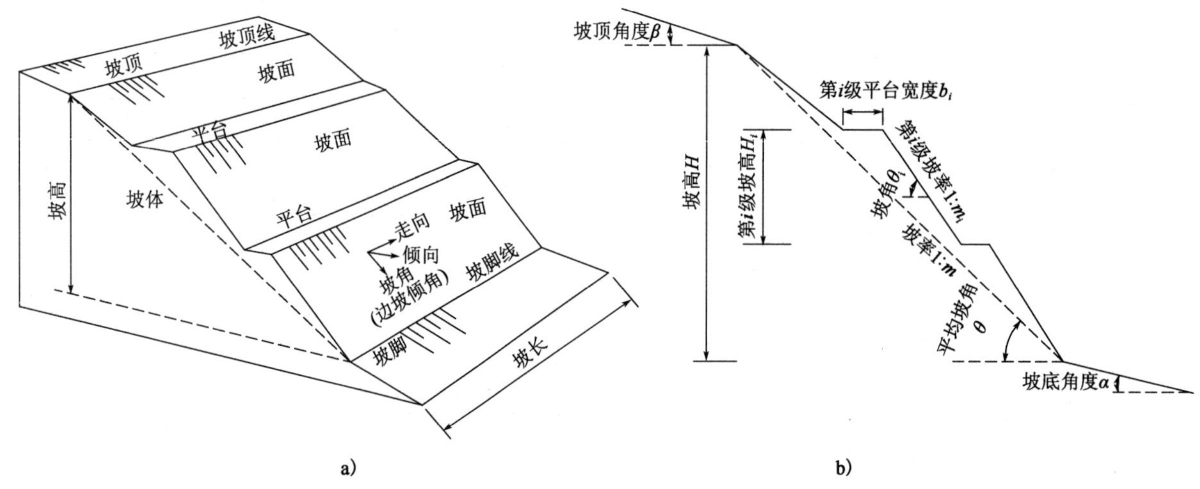

图1 边坡要素与几何参数

4.1.2 边坡依据建造方式、物质组成、坡高、稳定程度、风险大小等按表1进行分类。

表1 边坡分类

序号	依据	类别	划分依据
1	建造方式	路堤边坡	坡脚以上为填筑形成
		路堑边坡	坡脚以上为开挖形成
2	物质组成	土质边坡	主体由土类物质组成
		岩质边坡	主体由岩类物质组成
		二元结构边坡	主体由土类物质和岩类物质组成

表1　边坡分类(续)

序号	依据	类　别	划分依据
3	坡高	一般边坡	路堤:$H<20$m
			路堑:$H<20$m(土质边坡),$H<30$m(除土质边坡外)
		高边坡	路堤:$H\geqslant 20$m
			路堑:$H\geqslant 20$m(土质边坡),$H\geqslant 30$m(除土质边坡外)
4	稳定性	稳定边坡	稳定性分析结果
		欠稳定边坡	
		不稳定边坡	
5	风险分类	Ⅰ类边坡	安全风险评估结果
		Ⅱ类边坡	
		Ⅲ类边坡	
		Ⅳ类边坡	

4.2　边坡安全风险分类

应按表2进行边坡安全风险分类。

表2　边坡安全风险分类

安全风险类别	Ⅰ类	Ⅱ类	Ⅲ类	Ⅳ类
安全风险分数(RS)	RS≤45	45<RS≤55	55<RS<60	RS≥60
技术状况	整体状况好	整体状况一般,有零星剥落掉块可能,但无局部失稳危险	整体状况一般,存在局部失稳危险	整体状况差,局部失稳已发生或已可预见,存在整体失稳风险
注:安全风险分数RS按本标准5.5的方法计算。				

4.3　养护等级

根据交通量和边坡安全风险类别,按表3对边坡养护进行分级。

表3　边坡养护等级

单车道年平均日交通量[pcu/(d·ln)]	安全风险类别			
	Ⅰ类	Ⅱ类	Ⅲ类	Ⅳ类
<5000	三级	三级	二级	一级
5000~10000	三级	二级	二级	一级
>10000	三级	二级	一级	一级

4.4　养护规划

4.4.1　边坡养护应遵循“风险管控”理念,贯彻“预防为主、防治结合”方针,进行科学养护,消除隐患,降低风险,使边坡维持正常使用状态。

4.4.2 宜根据边坡养护等级、管理模式、资金、技术力量等进行养护规划。

4.4.3 边坡养护规划应纳入高速公路总体养护规划范畴，包含管养范围、边坡技术档案的建立与更新、养护资源的配备与更新、养护工作总体计划及资金安排等。规划周期宜为3年~5年。

4.5 养护对策

4.5.1 宜根据安全风险类别来确定养护对策，并符合以下规定：

a) 对风险分类中的Ⅰ、Ⅱ类边坡，应在日常巡查的基础上，以日常养护为主；

b) 对风险分类中的Ⅲ类边坡，应加强日常巡查及日常养护，必要时增加监测。当病害发展速度较快，安全风险有增大趋势时，应及时进行专项整治；

c) 对风险分类中的Ⅳ类边坡，应尽快进行专项整治。

4.5.2 特殊情况下，当边坡出现整体滑塌迹象，并发展迅速、危及运营安全时，应按应急抢险对待。

4.6 其他规定

4.6.1 边坡养护应重视资源节约、环境保护与水土保持，改善边坡生态，并与周边环境协调。

4.6.2 通车状态下，边坡养护作业应在保障安全的前提下进行，并采取措施减少对交通的干扰，确保运营安全。

4.6.3 边坡养护除应符合本标准的规定外，尚应符合国家和行业现行有关标准的规定。

5 检查与安全风险评估

5.1 一般规定

5.1.1 边坡检查分为日常巡查、定期检查和特殊检查，并符合以下规定：

a) 日常巡查指以目测为主，针对边坡坡面、排水设施及防护构造物等进行的一般性检查；

b) 定期检查指为进行安全风险评估，按规定的方法对边坡各部位所进行的全面检查；

c) 特殊检查是在日常巡查和定期检查的基础上，进行专门勘察、试验和检测，有针对性地深入补充检查，以进一步查明病害原因或破坏程度。

5.1.2 定期检查、特殊检查宜委托专业单位承担。

5.1.3 进行边坡检查、安全风险评估的人员应具有岩土工程等相关专业知识和经验，并经相应培训。

5.1.4 边坡检查前应查阅有关技术档案资料，掌握边坡基本情况和历史信息；边坡检查时应配备必要的检查工具及安全防护设施。

5.2 日常巡查

5.2.1 日常巡查一般采用人工目测、耳听、敲打或配合简单量测的方式进行。

5.2.2 日常巡查范围，应下至路基边沟，上至坡顶外侧不少于20m。

5.2.3 巡检内容包括坡面、防排水工程、防护与加固工程及附属设施等，应按附录B的格式及时填写边坡日常巡查记录表。

5.2.4 应按表4确定边坡日常巡查频率，汛期、台风、暴雨等恶劣天气期间应适当加密。

表4 日常巡查频率

养护等级	巡查频率	养护等级	巡查频率
一级	每周不少于1次	三级	每2月不少于1次
二级	每月不少于1次		

5.2.5 日常巡查中发现边坡存在排水沟错位、坡面开裂或沉陷、防护结构开裂、倾斜等异常状况时，应及时报告，必要时组织定期检查、特殊检查或采取应急措施。

5.3 定期检查

5.3.1 检查频率

定期检查频率应符合下列要求：

a) 高速公路建成投入运营后一年内应组织一次边坡定期检查；

b) 建成投入运营一年后，检查频率宜符合表5的规定；

c) 特殊情况下，当遭遇特大台风、暴雨等极端气候或地震影响时，当年应组织一次定期检查。

表5 定期检查频率

养护等级	检查频率	养护等级	检查频率
一级	每2年不少于1次	三级	每5年不少于1次
二级	每3年不少于1次		

5.3.2 检查要求

定期检查工作应符合下列要求：

a) 按附录A的要求现场校核边坡基本状况；

b) 详细记录和描述边坡病害和缺损的部位、面积(数量)、程度等，明显病害应保留图像资料；

c) 分析病害特征与所反映的稳定状态的关系，判断边坡病害原因，提出养护建议；

d) 对难以判断病害原因和程度的部位或构件，提出特殊检查的要求；

e) 提交定期检查报告。

5.3.3 检查报告

定期检查报告宜包括以下内容：

a) 概述被检边坡的基本情况、检查时间、检查人员、检查设备和工作过程等；

b) 详细阐述被检边坡的病害类型、范围、程度及原因等；

c) 对进行特殊检查的边坡，说明检查项目及原因；

d) 养护建议及其他必要的说明。

5.4 特殊检查

5.4.1 检查项目

特殊检查项目应包括以下内容：

a) 预应力锚杆(索)、挡土墙、抗滑桩等专项支挡加固工程的材料强度、结构应力应变等项目；

b) 隐蔽部位的无损检测；

c) 必要的水文和地质勘察。

5.4.2 检查报告

特殊检查报告宜包括以下内容：

a) 概述被检边坡的基本情况、检查时间、检查人员、检查设备和工作过程等；

b) 检查项目、方法、检测数据、分析过程及结论等；

c) 养护建议及其他必要的说明。

5.5 安全风险评估

5.5.1 应在定期检查或增加必要的特殊检查后，对土质边坡按附录C、岩质边坡按附录D、挡土墙按附录E的方法，依图2的流程进行边坡安全风险评估。

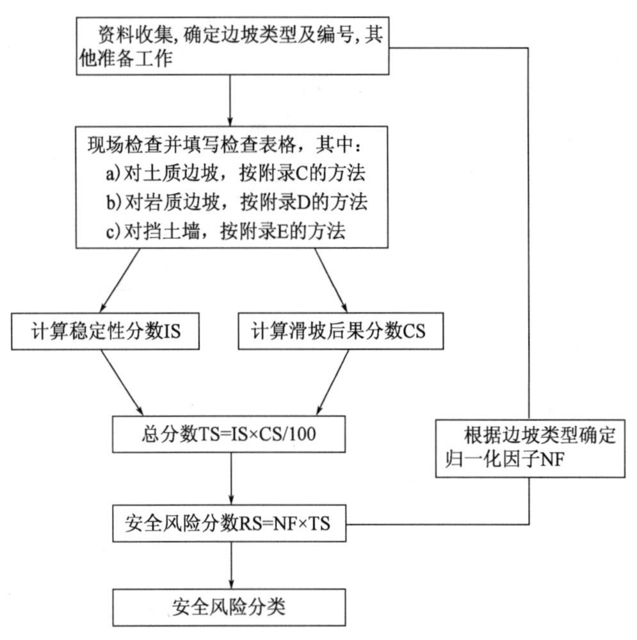

图2 边坡安全风险评估流程

5.5.2 二元结构边坡安全风险评估时，应分别对土质部分和岩质部分按附录C、附录D进行单独评估，取RS的大值作为此二元结构边坡的安全风险分数。

5.5.3 边坡安全风险评估应包括稳定性分析和滑坡后果分析两部分，采用安全风险分数RS来表示边坡安全风险程度。

安全风险分数RS按式(1)计算。

$$RS = NF \times TS = NF \times IS \times CS/100 \quad \cdots\cdots (1)$$

式中：RS——边坡安全风险分数；

NF——归一化因子，按表6取值；

TS——总分数，TS = IS × CS/100；

IS——稳定性分数，根据影响边坡稳定性的因素及不同边坡类型，按附录C、附录D和附录E进行量化评估计算得到的分数；

CS——滑坡后果分数，根据边坡发生滑坡的后果严重程度及不同边坡类型，按附录C、附录D和附录E进行量化评估计算得到的分数。

表6 归一化因子取值

边坡类别	NF	边坡类别	NF
土质边坡	0.21	挡土墙	0.10
岩质边坡	0.20		

5.5.4 安全风险评估还应符合以下规定：

a) 对有完整资料表明边坡已采用预应力锚杆（索）、锚杆框格、土钉及抗滑桩等进行了加固的边坡，当现场评估的安全风险分数 RS > 55 时，还应根据加固工程状态进行二次评估，以提高评估结果的可靠性；二次评估按表 7 进行；

表 7 已加固边坡安全风险分类

安全风险类别	边坡加固工程状态
Ⅰ类	边坡加固工程基本完好
Ⅱ类	边坡加固工程存在局部破损，但未失效
Ⅲ类	边坡加固工程可能局部失效（如锚头松裂、掉锚断梁等）
Ⅳ类	边坡加固工程破坏严重（如断锚毁梁等）

b) 对地质复杂的高边坡，必要时可采用补充勘察、监测数据分析、稳定性计算等手段对评估结果进行验证，也可采用不同评估小组或单位进行评估以相互印证，或组织专家论证等方式提高评估结果的可靠性；

c) 用于计算评估分数的边坡高度，应为有可能发生破坏的关键断面的边坡高度；同一边坡其不同断面的破坏模式不同时，应对每个关键断面分别给出 RS 评分，取其中最大值作为此边坡的 RS。

6 日常养护

6.1 一般规定

6.1.1 日常养护包括日常保养和维修等内容。

6.1.2 日常养护应遵循“经常性、周期性、全面性、及时性”的原则，做到“早发现、早整治”，确保边坡及附属构筑物运行状态良好。

6.1.3 汛期、台风、暴雨等恶劣天气期间，应加强日常养护。

6.1.4 维修边坡设施时，采用的水泥砂浆强度等级宜不小于 M10，混凝土（喷混凝土）强度等级宜不小于 C20。

6.2 坡面

6.2.1 坡面常见病害有掉块落石、开裂、冲刷、沉陷、坍塌等。

6.2.2 坡面掉块落石的，应及时清除，以免堵塞边沟、危及行车安全。

6.2.3 坡面开裂时，应及时封闭，必要时可与喷浆、植被等防护形式相结合。

6.2.4 坡面冲刷、植被剥落时，应清理冲刷剥落区域并恢复植被。

6.2.5 坡面出现沉陷、坍塌的，应及时嵌补回填，回填时应开挖台阶，分层填筑并夯拍密实。

6.2.6 坡体地下水丰富，坡面上常年潮湿或有水涌出时，应增设边坡渗沟、盲沟或深层排水孔，将坡体内积水引排、疏干。

6.3 截排水设施

6.3.1 截排水设施常见病害有淤堵、渗漏、断裂、冲刷、冲毁、移位等。

6.3.2 截排水设施出现淤堵时，应及时疏排。

6.3.3 沟底的局部渗漏可用水泥砂浆填补孔洞，沟底的大面积渗漏宜重新铺筑封闭。

6.3.4 基础脱空或下沉造成的截排水设施断裂、冲刷及冲毁，可拆除截排水设施，夯实加固沟底基础，然后重新施作；稳固地基上截排水设施产生的断裂、冲刷及冲毁可采用加大过水断面或提高水沟材料强度的方法修复。

6.3.5 截排水设施出现移位时，应分析坡体滑移的可能性，并加强对坡体的调查与监测。

6.4 素喷、锚喷

6.4.1 素喷与锚喷常见病害有表面风化剥落、露筋、空鼓脱落、变形开裂、沉降错台、泄水孔堵塞、渗水、涌水等。

6.4.2 面积小于 $3m^2$ 的坡面风化剥落，宜采用水泥砂浆修补；面积大于 $3m^2$ 的坡面风化剥落，宜进行坡面清理、平整，铺设铁丝网或钢筋网，再喷混凝土处理。

6.4.3 锚喷坡面出现露筋的，应采用混凝土或砂浆对露筋部位进行封闭。破损区域较大时，可重新锚喷坡面或增设主动防护网。

6.4.4 坡面鼓胀脱空的，应先清除空鼓脱离区域，并对其周边坡面凿毛，分层重新喷混凝土；必要时可增设钢筋网加强。

6.4.5 坡面出现变形开裂的，当裂缝宽度较小时，可暂不进行处理；裂缝宽度较大时，应先进行裂缝观测，可采用骑马桩、贴片等进行日常观测，当裂缝宽度不再增大时，可采用灌填修补。

6.4.6 坡面出现沉降错台的，应先进行位移观测，变形不再发展时，可采用灌填修补；变形继续发展时，应组织进行稳定性判断，并采取相应的工程措施。

6.4.7 泄水孔堵塞较严重时，可采用机械（风枪）疏通，必要时可重新施打。坡面渗水较严重，出现大量水迹或水流时，可增设仰斜式水平排水孔。

6.4.8 坡面出现涌水时，应先进行排水处理，再对涌水区域进行修复。

6.5 柔性防护网

6.5.1 柔性防护网常见病害有网下架空、缝合绳脱落、网材锈蚀、锚杆松动、基座变形、网材破损撕裂、积渣外鼓等。

6.5.2 当主动柔性防护网出现网下架空时，应根据地形条件增设或加密钢绳锚杆，并通过缝合绳将锚杆与钢绳网连接。

6.5.3 缝合绳脱落时，应按柔性防护网与钢绳网的缝合、连接要求予以修复，必要时应缩小缝合绳缝合间隔或增大缝合绳直径。

6.5.4 网材锈蚀严重的，应更换防护网，必要时完善边坡排水。柔性防护网重新铺设前应清除破碎、松动的石块。铺设范围应超出更换区域 2m ~ 5m。新老柔性防护网的搭接宽度不宜小于 0.3m，必要时可增设锚杆，对柔性防护网加强固定。

6.5.5 锚杆出现松动的，宜重新打设，并可根据实际情况调整锚杆长度、直径等参数。

6.5.6 被动柔性防护网基座出现变形的，可根据实际情况予以加固或重新埋设。

6.5.7 网材出现破损或撕裂的，应予以修复或更换，必要时可增设框架防护。

6.5.8 柔性防护网内落石兜积或积渣外鼓的，应及时清除网内落石、碎渣，必要时可增设锚杆加固。

6.6 挡土墙、护面墙

6.6.1 挡土墙、护面墙常见病害有勾缝脱落、松动掉块、墙身裂缝、泄水孔堵塞、渗流涌水等。

6.6.2 浆砌墙面勾缝脱落、松动掉块时，应采取以下处理措施：

a） 若墙面片块石无松动迹象，小范围的勾缝脱落可暂不处理，仅进行日常巡查观测，大范围的勾缝脱落应进行表面勾缝修补；

b） 墙面片块石出现松动时，应清除表面松动部分，再嵌补处理，嵌补厚度超过 0.5m 或高度超过

2m 的墙面,应开挖成台阶状。

6.6.3 对墙身裂缝应封闭处理,处理时应清缝,封闭可采用水泥砂浆、环氧树脂等材料。

6.6.4 泄水孔堵塞、渗流涌水或墙后积水时,应采取以下处理措施对原有排水系统进行疏通或完善:

a) 泄水孔堵塞较严重时,应采用机械或高压水枪疏通;

b) 墙面渗水较严重时,应沿墙面出水位置隔一定距离(5m ~ 10m)增设泄水孔;

c) 墙后积水时,可先回填、整平墙后土体,再增设排水沟。

6.7 锚杆(索)框格

6.7.1 锚杆(索)框格常见病害有锚头渗水或锈蚀、锚头或框格开裂、框格脱空、框格积水等。

6.7.2 对锚头有渗水、锚垫锚具锈蚀的,应及时排水,并封堵水源,然后进行除锈、防腐处理。

6.7.3 当外锚头或框格出现变形开裂时,应对裂缝进行填补,可用环氧树脂黏合,也可用混凝土黏结剂涂抹缝壁,再用混凝土或水泥砂浆填塞。

6.7.4 对框格脱空的,应及时采用浆砌片石或混凝土回填嵌补框格基底。

6.7.5 坡体地下水丰富引起的框格内积水的可增设排水孔;框格内的亏坡、凹坑可采用浆砌片石或混凝土等嵌补。

6.8 坡面植被

6.8.1 坡面植被常见病害有植被枯萎、网材锈蚀、冲刷露网等。

6.8.2 植被枯萎时应及时补种。补种时应选择干旱、贫瘠条件下易存活的植物种子,施工应满足 DB 33/T 916 的要求。

6.8.3 网材锈蚀时,应对挂网网材进行防腐处理或更换。

6.8.4 边坡表面出现冲刷露网时,应补充覆土,覆土宜选用肥沃的黏性土。

6.9 附属设施

6.9.1 附属设施的主要病害有检修踏步缺损、检修道栏杆锈蚀或松动、隔离栅破损等。

6.9.2 检修踏步缺损应及时采用混凝土修复。

6.9.3 检修道栏杆锈蚀应及时除锈并进行防腐处理;栏杆出现松动可根据实际情况予以加固或重新埋设。

6.9.4 隔离栅出现破损应及时修复。

7 专项整治

7.1 一般规定

7.1.1 专项整治实施对象一般为挡土墙、锚杆(索)等加固工程的变形损毁,以及危落石、崩塌、坍塌、滑坡等。

7.1.2 专项整治应遵循“安全、可靠、经济、适用”的原则。

7.1.3 专项整治工程应委托具有相应资质的单位进行勘察设计。应在已有成果的基础上,补充现场检查和勘察,并对现状边坡进行稳定性分析,加强施工过程中的跟踪验证,实行动态设计。

7.1.4 专项整治设计时,应充分考虑高速公路及其周边路网的通行条件与通行需求,设计方案应尽量减少对运营的影响。

7.1.5 专项整治作业单位应具备相应的资质和工程经验,并配备相应的设备及技术人员。

7.1.6 作业单位应依据设计方案及施工环境条件制订详细的施工组织和交通组织实施方案,确保整治工程实施和高速公路的运营安全;施工作业区、控制区的保障设施设置要求应符合 JTG H30 等相关规范的规定。

7.1.7 专项整治工程的质量检验与评定,宜按照 JTG F80/1 和 DB 33/T 956 的规定执行。

7.2 挡土墙病害

7.2.1 针对挡土墙出现的结构性变形和损毁病害,应查明损坏原因,并根据稳定性验算结果、墙体关联边坡的整治方案等确定挡土墙的加固或重建方案。

7.2.2 挡土墙加固方案主要有拼砌加厚、锚杆加固、注浆加固等,并宜符合下列规定:

a) 挡土墙加固时,需充分利用现有挡墙的强度,可结合取样试验分析评价原挡土墙结构的剩余强度;

b) 当采用拼砌加厚的加固方案时,应加强挡土墙新旧基础及墙身的结合,且挡土墙拼砌加厚材料规格原则上不宜低于现有挡土墙;

c) 当采用锚杆加固的方案时,锚杆与墙面的组合方式可采用锚墩或肋梁、格梁型;锚杆选型、钻孔及注浆工艺应考虑墙后填料属性;

d) 当采用注浆加固方案时,宜选取典型墙身进行试注和评价,以动态调整布孔、浆体配比、注浆工艺等技术参数。

7.2.3 挡土墙重建宜符合下列规定:

a) 挡土墙重建设计宜选用结构可靠、方便养护、环境协调的形式;

b) 挡土墙拆除时,应考虑对墙后边坡稳定性的影响,并采取合理的分段分层拆除工序;

c) 为防止不均匀沉降,新旧挡土墙之间应设置沉降缝,并应注意新旧挡土墙接头协调。

7.3 锚杆(索)病害

7.3.1 对出现的锚杆(索)病害,应查明损坏类型、产生原因、缺损状态、危害程度和发展趋势等,结合具体地形、地质条件进行坡体稳定性分析,并采取安全可靠、经济合理的补强加固措施。

7.3.2 当坡体加固锚杆(索)的锚头脱落、锚筋断丝等病害较严重时,宜检测锚杆(索)的整体完好程度、应力状态,采取重新张拉、更换或增设锚杆(索)等措施。

7.3.3 对锚垫移位、锚具开裂等病害,宜检测锚杆(索)的整体完好程度、应力状态,在补偿张拉后再进行除锈防腐、更换锚具、补浆、封锚等处理。无法补张拉的,可原位拆除重设或换位增设锚杆(索)。

7.4 危落石

7.4.1 危石调查成果应绘制标注在 1∶2000 以上的大比例尺地形图上。

7.4.2 应结合地形地貌分析预测落石轨迹和冲击范围,采取原位加固或清除的措施,原位加固或清除施工应采取措施保障运营安全,并注意保护公路设施与绿化乔、灌木。

7.4.3 原位加固应符合下列规定:

a) 对于基座大部分稳固的危石,可对临空面采取混凝土或钢筋混凝土嵌补支顶;

b) 对顺层岩体引起的掉块落石边坡,宜根据层面产状采用锚杆(索)框架、钢锚管注浆或抗滑桩等进行防护加固;

c) 对岩石破碎引起的掉块落石边坡,宜采用柔性防护网、钢锚管注浆或结合锚杆框架进行防护加固;

d) 对采用挂网锚喷护面的边坡,坡体危石宜采用挂网锚喷加固措施;钢筋(丝)网规格尺寸及强度、混凝土强度等级、锚杆规格及长度宜根据加固计算确定;

e) 当采用柔性防护网加固时,应结合边坡地形地貌特点、危石分布范围及落石轨迹、防治能级等确定采用主动防护网、被动防护网或兼顾采用。

7.4.4 原位清除应符合下列规定:

a) 宜尽量减少对周边岩土体的扰动,采用静态爆破、机械切割等方法;
b) 清除作业应采取搭建围挡网架等措施,以保障公路运营安全;
c) 清除作业便道宜选择从高速公路外围进入,以减少对公路运营的影响。

7.5 崩塌、坍塌

7.5.1 应充分调查边坡岩体结构面的类型、分布和力学参数等,分析崩塌、坍塌的产生范围和发展趋势,采取卸载或加固措施。

7.5.2 对体量较小的崩塌、坍塌,宜采用工程加固措施;对体量较大的崩塌、坍塌,宜采用卸载并放缓边坡的措施。

7.5.3 崩塌加固应符合下列规定:

a) 对于裂隙较为密集的岩质卸荷区,可先清除表部松危岩块,再采用系统锚杆与挂网喷浆相结合的加固措施,锚杆应穿过岩体卸荷区;
b) 对于基座稳定且分解块体较小的崩塌岩体边坡,宜采用主动柔性防护网进行加固,限制岩体裂缝与变形的发展;
c) 对较完整的且不宜卸荷碎裂的悬挑岩体,宜采用锚杆(索)或结合格梁体系进行加固,锚杆(索)应穿过岩体卸荷区。

7.5.4 坍塌加固应符合下列规定:

a) 应拦截坡体以外的汇流水以及排除坡体范围内的地表水,设置排水孔(管)排泄坡体内部的渗水;
b) 宜采用护面墙或骨架护坡加强坡面防护,并结合植被工程防止表面冲刷;
c) 当坍塌体剪出口接近坡脚时,可视坍塌体的规模及边坡的具体情况采用挡墙、抗滑桩等支挡措施;
d) 当坍塌体剪出口较高时,可采用预应力锚杆(索)结合钢筋混凝土格梁或锚管注浆等加固措施。

7.6 滑坡

7.6.1 滑坡治理应遵循“一次根治、不留后患”的原则,通过技术、经济等综合比选,确定滑坡治理工程方案。

7.6.2 滑坡治理前应收集建设期、运营期资料,开展现场调查、工程勘察,查清滑坡边界范围、滑坡规模、滑坡体物质组成、滑面、水文条件等,为滑坡原因分析、稳定性评价分析及加固验算提供基础资料。

7.6.3 滑坡地段的地质勘察及稳定性分析应根据项目实际开展,并满足 JTG C20 等相关规范的要求。

7.6.4 可结合滑坡破坏特征和周边环境、运营条件选用单一或组合的滑坡防治措施。防治措施的确定宜符合下列规定:

a) 对于滑面浅、规模小的滑坡,可选择圬工类重力式挡墙;对于滑面深、规模大的滑坡,宜采用抗滑桩作为支挡结构;对于下滑力大、施工难度高的陡滑面类型滑坡,可结合技术经济论证,采用预应力锚索抗滑桩或抗滑明洞并填土反压;
b) 对于滑坡规模较大,滑带土主要为黏土、泥化夹层时,可采用石灰桩、注浆或合适的化学方法改善滑带土性质;对于密实土质或松散破碎岩坡,可设预应力锚杆(索)框架等锚固工程;对于宽度受限的路侧反压带,可采用加筋土挡墙或加筋土边坡压缩坡脚;
c) 有条件时,可在滑体上方主滑部分进行刷方减重,同时将刷方转填至滑体的抗滑段起到反压稳定的作用。

7.6.5 应及时对滑坡外围及滑体坡面的裂缝予以回填封闭,并结合滑坡治理实际需要设置截水沟和坡面树枝形截排水体系;地下水发育时,还应结合地形地质设置盲沟、排水隧洞、仰斜式排水孔、虹吸排水等地下排水体系。

7.6.6 滑坡防治工程施工过程中,应以实际揭示的地质信息和监测数据为基础,进行动态调整和优化。

8 边坡监测

8.1 一般规定

8.1.1 边坡监测工作应遵循"准确、及时"的原则。

8.1.2 当边坡病害加速发展或出现滑坡迹象时,应立即启动监测;专项整治时应同步进行监测。

8.1.3 应根据监测工作的复杂程度确定监测单位,必要时应委托具备相应资质的专业单位实施监测工作。

8.1.4 因现场情况变化导致监测目的无法实现时,既定监测方案应进行动态调整,并经业主等单位确认后实施。边坡监测应以变形监测为主,当灾害诱因复杂时,还应结合边坡工程实际情况,开展应力、地下水位、降水量等监测。

8.2 监测方案制订

8.2.1 监测方案应根据边坡地质特征、风险类别、边坡整治设计及施工方案等因素确定。

8.2.2 监测方案内容应包括监测目的、监测项目、监测方法、控制标准、测点布置、信息反馈机制等。其中,监测项目包括地表位移、地表裂缝、深层位移、应力、地下水位、降水量等。

8.3 监测方法

8.3.1 地表位移监测可采用全站仪自动跟踪测量法和卫星实时定位测量法,必要时辅以水准测量。在通视条件较差的环境下,可采用卫星实时定位测量法;在通视条件较好的情况下,可采用全站仪自动跟踪测量法。监测精度应符合 GB 50026 的相应规定。

8.3.2 地表裂缝监测应采用位移计或其他有效措施进行监测。监测精度对于岩质边坡分辨率不应低于0.50mm,对于土质边坡分辨率不应低于1.00mm。

8.3.3 边坡坡体深层位移宜采用滑动式钻孔测斜仪进行监测,测得的数据应进行扭转变形校正;滑动式钻孔测斜仪不适用的滑坡体,可采用固定式测斜仪或多点位移计等跨过滑移面埋设监测。滑动式钻孔测斜仪系统精度不应低于0.25mm/m。

8.3.4 应力监测宜通过预埋钢筋计、土压力盒等应力传感器对拟测对象应力状态实施监测。应力传感器精度不应低于满量程的0.5%。

8.3.5 地下水位宜采用水位计进行监测,监测精度不应低于1cm。

8.3.6 场区降水量可采用雨量计等仪器进行监测,监测精度不应低于1mm。

8.3.7 有条件时可通过建立自动监测预警系统等远程监测方法对坡体进行全天候连续监测,并进行人工测读校验。

8.4 监测点布设

8.4.1 地表位移监测点布设应符合下列规定:

a) 监测点宜布设成十字形或网格形,对变形方向和变形范围不明确的边坡,监测点可布设成放射形;

b) 监测点间距宜为10m~30m,有条件时应布设至边坡滑动影响范围外不少于30m;

c) 单个坡体的变形监测点不宜少于3处。

8.4.2 地表位移监测点埋石应符合 GB 50026 和 GB/T 18314 的相应规定。

8.4.3 地表裂缝监测点应设置在裂缝的两端、拐弯、中部及最宽处。

8.4.4 测斜管埋设应符合下列规定：

a) 可布设在边坡监测断面的碎落台(或护坡道)上，并宜与地表位移监测点靠近布置，以便相互印证；

b) 管底嵌入稳定岩土层不宜小于2.5m，岩体中测斜管与钻孔间空隙应填充密实，可采用注浆、砂、石屑等填实；

c) 初值测量宜在埋设14d后进行。

8.4.5 结构应力与岩土体应力、地下水位及降水量测点布设等应符合GB 50843的相应规定。

8.4.6 监测点布设完成后应按项目分类编号，绘制监测点分布图并及时更新。

8.5 监测频率

8.5.1 监测频率应按下列要求确定：

a) 专项整治前，应根据养护等级、病害发展趋势、地质复杂程度和气候条件等因素综合确定；

b) 专项整治施工中，根据施工及动态设计的要求确定；

c) 专项整治完成后，需继续跟踪监测的每月不少于1次；

d) 遇到变形持续发展或恶劣天气等异常情况时，应增加观测次数或连续观测。

8.5.2 变形监测基准网应定期校核，建网第一年宜半年观测一次，之后可每年观测一次。当有异常情况时，应及时校核。

8.6 预警控制标准

预警控制标准宜根据已有的同类工程成熟经验确定。无相关工程经验时，符合下列条件之一的情况，应启动报警：

a) 边坡岩土体连续3次变形加速度大于0时；

b) 地表裂缝、土压力、地下水位等监测指标佐证边坡岩土体性状出现异常变化，且连续2次变形加速度大于0时；

c) 边坡防护结构及相邻构筑物出现GB 50843规定的需报警的情况时。

8.7 监测报告

监测报告应包括下列内容：

a) 边坡工程概况，包括地质资料、支护结构类型、邻近构筑物分布情况等；

b) 监测目的和内容；

c) 监测依据；

d) 监测及分析方法；

e) 测点布置图；

f) 监测数据整理分析过程，监测参数与监测时间曲线图；

g) 对边坡工程稳定工作状态的评述和相关建议。

9 安全管理

9.1 一般规定

9.1.1 突出“以人为本、生命至上”的理念，遵循“统一指导、分类管理、分级负责、安全快速、联动协调”的原则。

9.1.2 应遵守国家《公路安全保护条例》，禁止从事影响高速公路边坡安全的活动。

9.1.3 边坡安全管理主要包括养护作业及突发事件发生时的交通组织和安全防护等。

9.2 养护作业

9.2.1 养护作业前,应采取有效安全保障措施,保障养护作业人员和设备的安全,以及高速公路的运营安全。

9.2.2 作业单位应按国家规定建立安全管理部门,配备专职或兼职安全管理人员,实施对养护作业人员的安全培训和教育。

9.2.3 养护作业应选择合理的交通组织方式,现场应少占空间,减少对道路通行的影响。

9.2.4 养护作业应按 JTG H30 的规定设置相关的交通安全设施,并指派专人负责维持交通。在可能发生塌方、滑坡、泥石流等路段养护作业时,应设专人观察险情,严防安全事故发生。

9.2.5 在完成养护作业之前,不得随意扩大或缩小控制区范围;应确保养护作业安全设施处于良好的工作状态,不得随意撤除安全设施或改变其位置。

9.2.6 特殊季节实施养护作业,应按劳动保护规定,采取防暑降温、保温防冻、防水防塌等措施,并适当调整作业时间,尽量避开不利时段。

9.3 突发事件

9.3.1 管养单位应针对可能的塌方、滑坡、泥石流等突发事件,制订边坡灾害应急预案,每年至少组织一次专项应急预案演练。

9.3.2 应急预案内容包括组织领导体系,抢险队伍,人、财、物及资金的保障,信息报告制度,临时交通组织方案,抢险工程措施等。

9.3.3 突发事件发生后,应立即启动应急预案,及时发布交通管制信息,并对灾害类型、规模、发展趋势及影响等进行快速评估判识,以便及时采取措施,避免二次灾害发生。

9.3.4 抢险作业人员应按规定穿戴防护用品,所有施工机具设备应保证状态完好;抢险施工时应采取合理的交通管制措施,减少对道路通行的影响。

10 信息化管理

10.1 一般规定

10.1.1 边坡养护宜实行信息化管理,信息均宜采用数据储存和管理。

10.1.2 边坡养护信息化管理主要包含系统建立、信息获取、信息处理、信息应用等内容。

10.2 系统建立

10.2.1 系统架构应符合安全性、可靠性、可维护性的原则,应具备用户权限、报表设计、打印导出等基本功能。

10.2.2 系统应由操作系统、电子地图、数据库平台等管理软件和服务器、用户 PC、防火墙、巡检器等硬件设备组成。

10.2.3 数据库平台宜包含基本信息、边坡检查、风险评估、日常养护、专项整治、监测、档案管理等内容。

10.2.4 应由专人负责系统数据维护和管理。

10.3 信息获取

10.3.1 数据信息包括文字、数字和图片信息等,信息获取可在满足精度的条件下采用人工、自动化或两者相结合的手段。

10.3.2 巡(检)查信息可通过手持式巡检设备、GIS 地图、GPS 定位、无线网络等技术实现数据采集与传输。

10.3.3 监测信息可通过全站仪、GPS、TDR、激光扫描、无线网络等技术实现数据采集与传输。

10.4 信息处理

10.4.1 信息处理包括数据信息的传输、保存、管理和分析。

10.4.2 获取的数据信息应纳入数据库进行分类管理,同类数据格式应统一。

10.4.3 数据库应进行定期维护和备份,具备可溯性。

10.5 信息应用

应加强对数据信息的积累和分析,为巡(检)查、边坡监测、加固方案、风险防控、应急预案制订等养护工作提供信息。

10.6 档案管理

应按“一坡一档”建立边坡养护技术档案,并纳入信息化养护管理系;档案应包括附录 A、附录 B 等内容。

附 录 A
（资料性附录）
边坡基本状况表

表 A.1 给出了边坡基本状况填写的内容。

表 A.1 边坡基本状况表

<table>
<tr><td colspan="6">路段名称：</td></tr>
<tr><td>边坡名称</td><td></td><td>边坡编号</td><td></td><td>线路方向
（上行、下行）</td><td></td></tr>
<tr><td>边坡类型</td><td></td><td>高度（m）</td><td></td><td>起讫桩号</td><td></td></tr>
<tr><td>走向</td><td></td><td>倾向/倾角</td><td></td><td>坡长</td><td></td></tr>
<tr><td>主要地质描述</td><td colspan="5"></td></tr>
<tr><td>分级描述</td><td>防护高度</td><td>防护坡率</td><td>平台宽度</td><td colspan="2">防护形式</td></tr>
<tr><td>第 i 级</td><td></td><td></td><td></td><td colspan="2"></td></tr>
<tr><td>管养单位</td><td colspan="3"></td><td>建成年份</td><td></td></tr>
<tr><td colspan="6">照片：</td></tr>
<tr><td colspan="6">断面图：</td></tr>
<tr><td colspan="6">立面图：</td></tr>
</table>

表 A.1　边坡基本状况表(续)

<table>
<tr><td colspan="10">历年安全风险评估记录</td></tr>
<tr><td colspan="2">评估日期</td><td>安全风险分数</td><td>安全风险分类</td><td colspan="3">处治对策</td><td colspan="3">下次评估年份</td></tr>
<tr><td colspan="2"></td><td></td><td></td><td colspan="3"></td><td colspan="3"></td></tr>
<tr><td colspan="2"></td><td></td><td></td><td colspan="3"></td><td colspan="3"></td></tr>
<tr><td colspan="2"></td><td></td><td></td><td colspan="3"></td><td colspan="3"></td></tr>
<tr><td colspan="2"></td><td></td><td></td><td colspan="3"></td><td colspan="3"></td></tr>
<tr><td colspan="10">历年修建工程记录</td></tr>
<tr><td colspan="2">施工日期</td><td rowspan="2">修建原因</td><td rowspan="2">工程内容</td><td rowspan="2">工程费用（万元）</td><td rowspan="2">质量评定</td><td rowspan="2">建设单位</td><td rowspan="2">设计单位</td><td rowspan="2">施工单位</td><td rowspan="2">监理单位</td></tr>
<tr><td>开工</td><td>竣工</td></tr>
<tr><td colspan="2"></td><td></td><td></td><td></td><td></td><td></td><td></td><td></td><td></td></tr>
<tr><td colspan="2"></td><td></td><td></td><td></td><td></td><td></td><td></td><td></td><td></td></tr>
<tr><td colspan="2"></td><td></td><td></td><td></td><td></td><td></td><td></td><td></td><td></td></tr>
<tr><td colspan="2"></td><td></td><td></td><td></td><td></td><td></td><td></td><td></td><td></td></tr>
<tr><td colspan="2">填卡人</td><td colspan="2"></td><td colspan="2">填卡日期</td><td colspan="4"></td></tr>
</table>

附　录　B
（规范性附录）
边坡日常巡查记录表

表 B.1 给出了边坡日常巡查的记录要求。

表 B.1　边坡日常巡查记录表

<table>
<tr><td colspan="7">路段名称：</td></tr>
<tr><td colspan="2">边坡名称</td><td></td><td>边坡编号</td><td></td><td>线路方向（上行、下行）</td><td></td></tr>
<tr><td colspan="2">起讫桩号</td><td colspan="3"></td><td>安全风险类别</td><td></td></tr>
<tr><td colspan="2">管理单位</td><td colspan="3"></td><td>巡查单位</td><td></td></tr>
<tr><td>序号</td><td colspan="4">巡检内容</td><td>病害位置</td><td>病害描述</td></tr>
<tr><td rowspan="2">1</td><td rowspan="2">防排水工程</td><td colspan="3">边沟、平台排水沟、急流槽、截水沟有无堵塞或杂物、开裂、变形</td><td></td><td></td></tr>
<tr><td colspan="3">坡面泄水孔、深层泄水孔是否堵塞</td><td></td><td></td></tr>
<tr><td rowspan="3">2</td><td rowspan="3">普通防护工程</td><td colspan="3">护面墙或框格等防护有无裂缝、倾斜、空鼓、变形、滑动、下沉，压顶破损、勾缝脱落</td><td></td><td></td></tr>
<tr><td colspan="3">坡面有无漏水、渗水现象</td><td></td><td></td></tr>
<tr><td colspan="3">基础是否有冲刷或下沉</td><td></td><td></td></tr>
<tr><td rowspan="2">3</td><td rowspan="2">植被防护工程</td><td colspan="3">坡面绿化、植草或防护工程覆盖是否较好，有无局部坍塌或冲空现象</td><td></td><td></td></tr>
<tr><td colspan="3">坡面有无雨水冲刷痕迹，有无明显渗水现象</td><td></td><td></td></tr>
<tr><td rowspan="3">4</td><td rowspan="3">柔性防护工程</td><td colspan="3">SNS 防护网及被动防护网无破损</td><td></td><td></td></tr>
<tr><td colspan="3">网内有无落石兜积</td><td></td><td></td></tr>
<tr><td colspan="3">锚头或锚固点是否松动或锈蚀</td><td></td><td></td></tr>
<tr><td rowspan="3">5</td><td rowspan="3">锚喷防护工程</td><td colspan="3">锚喷面有无裂缝</td><td></td><td></td></tr>
<tr><td colspan="3">锚喷面有无掉块及鼓胀</td><td></td><td></td></tr>
<tr><td colspan="3">锚喷面有无渗水现象</td><td></td><td></td></tr>
<tr><td rowspan="3">6</td><td rowspan="3">支挡工程</td><td colspan="3">挡土墙、抗滑桩墙、桩板墙等有无裂缝、倾斜、空鼓、滑动、下沉，压顶破损、勾缝脱落</td><td></td><td></td></tr>
<tr><td colspan="3">墙体有无漏水、渗水现象</td><td></td><td></td></tr>
<tr><td colspan="3">基础有无冲刷或下沉</td><td></td><td></td></tr>
<tr><td rowspan="2">7</td><td rowspan="2">坡面及坡顶</td><td colspan="3">坡面及坡顶有无裂缝、危石、冲刷</td><td></td><td></td></tr>
<tr><td colspan="3">坡面有无坍塌、变形、滑动、隆起</td><td></td><td></td></tr>
</table>

表 B.1　边坡日常巡查记录表(续)

<table>
<tr><td>序号</td><td colspan="2">巡检内容</td><td>病害位置</td><td>病害描述</td></tr>
<tr><td>8</td><td>附属设施</td><td>检修道及扶手是否完好、破损</td><td></td><td></td></tr>
<tr><td colspan="2">附件内容</td><td colspan="3"></td></tr>
<tr><td colspan="2">其他说明</td><td colspan="3"></td></tr>
<tr><td colspan="2">养护建议</td><td colspan="3"></td></tr>
<tr><td colspan="5">巡查人员：
巡查日期：</td></tr>
<tr><td colspan="5">注：附件内容主要指现场病害照片等。</td></tr>
</table>

附　录　C

(规范性附录)

高速公路土质边坡安全风险评估方法

C.1　土质边坡安全风险分数

C.1.1　土质边坡安全风险分数应按式(C.1)计算。

$$\mathrm{RS_s} = \mathrm{NF} \times \mathrm{IS_s} \times \mathrm{CS_s}/100 \quad \cdots\cdots (C.1)$$

式中:$\mathrm{RS_s}$——土质边坡安全风险分数;

NF——归一化因子;

$\mathrm{IS_s}$——土质边坡稳定性分数;

$\mathrm{CS_s}$——土质边坡滑坡后果分数。

C.1.2　稳定性分数应按式(C.2)计算。

$$\mathrm{IS_s} = A_s + B_{s1} + B_{s2} + C_{s1} + C_{s2} + C_{s3} + C_{s4} + D_s \quad \cdots\cdots (C.2)$$

式中:A_s——对应边坡几何断面特征的分值,按表C.1取值;

B_{s1}——对应边坡破损情况分值,按表C.2取值;

B_{s2}——对应以往发生滑坡情况分值,按表C.3取值;

C_{s1}——对应地表水渗入情况分值,按表C.4取值;

C_{s2}——对应地表排水情况分值,按表C.5取值;

C_{s3}——对应输水设施情况分值,按表C.6取值;

C_{s4}——对应边坡渗流情况分值,按表C.7取值;

D_s——对应边坡坡体材料分值,若坡体包括不同的地层,应根据不同地层的厚度采用加权平均的方法确定,$D_s = \sum(D_{si})(W_i)/\sum W_i$;其中,$W_i$ 为不同地层厚度的占比,D_{si}参照表C.8取值。

C.1.3　滑坡后果分数应按式(C.3)计算。

$$\mathrm{CS_s} = K_s \times (F_s + G_s \times J_s) \times V_s \quad \cdots\cdots (C.3)$$

式中:K_s——滑坡后果系数,按表C.9取值;

F_s——坡顶设施得分,$F_s = F_{s1}(H_0 - P_s)/H_0$,$F_{s1}$按表C.10取值,$P_s$为坡顶设施距坡顶的距离(m),$F_s$计算值小于0时取0;

G_s——坡脚设施得分,$G_s = 8\{[(1.5 + J_s)H - Q_s]/[(1.5 + J_s)H]\}/J_s$;$Q_s$为坡脚高速路距坡脚的距离(m);

J_s——坡顶以上及坡脚以下地下特征得分,按表C.11取值;

V_s——边坡线荷载,$V_s = m_s H_0$,其中,若为整体滑坡,则 $m_s = 1.0$;若为局部滑坡,则 $m_s = 0.7$;若为微小滑坡,则 $m_s = 0.4$;若 $H_0 > 30\mathrm{m}$,计算 V_s 时取 $H_0 = 30\mathrm{m}$。

C.2　土质边坡断面几何特征

土质边坡断面几何特征见图C.1。

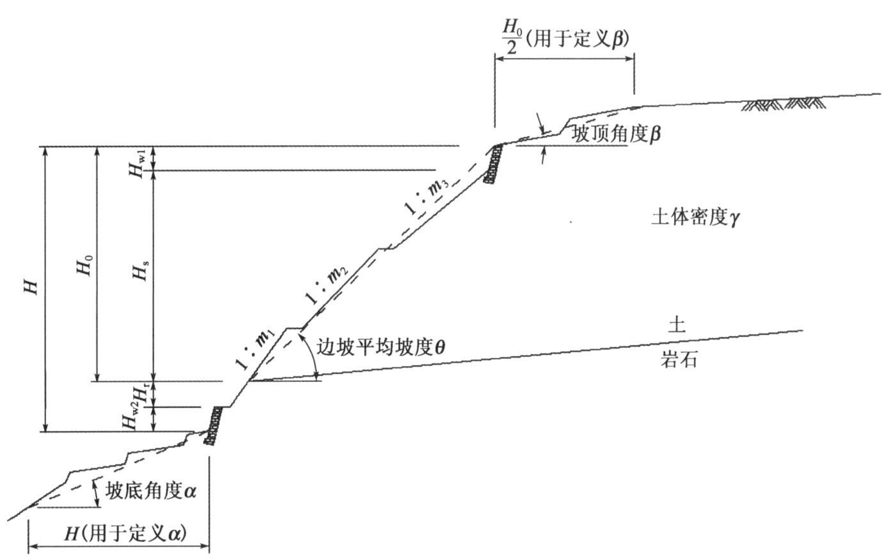

C.1　土质边坡断面几何特征

C.3　土质边坡断面几何特征分类

土质边坡断面几何特征分类见图 C.2。

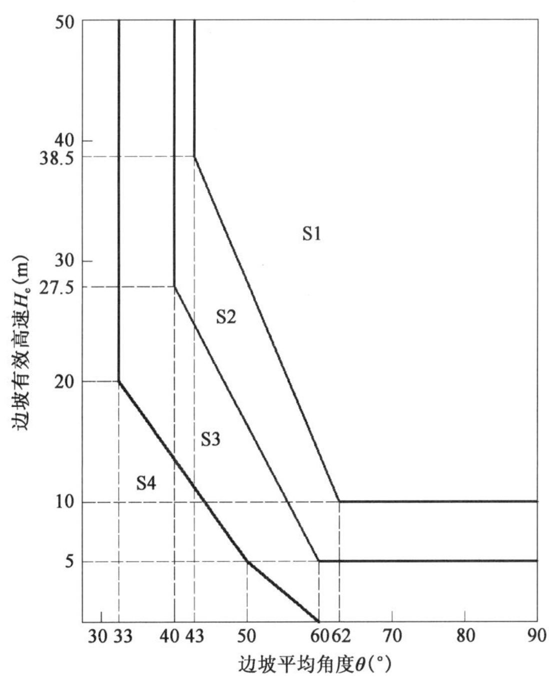

注:边坡有效高度 H_e 计算参见表 C.1 注释 1。

图 C.2　土质边坡断面几何特征分类

C.4　土质边坡坡顶以上区域滑坡

土质边坡坡顶以上区域滑坡见图 C.3。

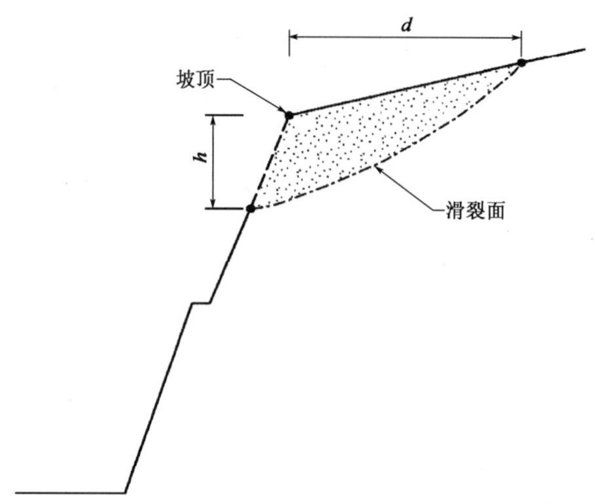

注：若 $d \geq h$，则认为滑坡体位于坡顶以上区域。

图 C.3　土质边坡坡顶以上区域滑坡

C.5　土质边坡安全风险评估各分项分值

土质边坡安全风险评估各分项分值见表 C.1～表 C.11。

表 C.1　边坡几何断面特征（A_s）

分　值	评定方法及依据
60	边坡断面几何特征分类为 S1
40	边坡断面几何特征分类为 S2
20	边坡断面几何特征分类为 S3
0	边坡断面几何特征分类为 S4
注 1：边坡断面几何特征（如 H_s，H_r，H_{w1}，H_{w2}，β，θ 及 α 等）应由技术人员根据测量图或现场踏勘确定。$H_e = H_0(1 + 0.35\tan\beta) + s/\gamma$，其中，$\gamma$ 可取 16～20kN/m³，s 为超载。边坡的有效高度 H_e 考虑了边坡以上自然山坡的影响（β 角）以及荷载（s）的影响。 注 2：若滑裂面的出露点位于土质部分的最低点，则 $H_0 = H_s + H_{w1}$；若滑裂面的出露点位于岩质部分，H_0 的计算则应计入这部分岩质的高度。 注 3：坡顶以上的超载 s 的影响可用等效土厚（s/γ）代替。	

表 C.2　边坡破损（B_{s1}）

分　值	评定方法及依据
40	严重破损：坡顶出现张拉裂缝、排水沟及检修道变形、护面严重破裂与隆起等
20	中等破损：护面开裂、排水沟破损等
0	轻微破损：护面偶有开裂
注 1：边坡破损包括坡顶的张拉裂缝、排水沟及检修道变形、护面开裂和变形等。 注 2：对日常气候变化或养护不当引起的破损，不视作反映坡体稳定性破损，则 B_{s1} 取 0。	

表 C.3　以往发生的滑坡(B_{s2})

分　　值		评定方法及依据
确定的滑坡	可能的滑坡	
10	7	严重的
5	3	多次轻微的
2	1	一次轻微的
0	0	无

注1:确定的滑坡是指根据有关文件记录能够确认的滑坡。

注2:可能的滑坡是指无文件记录可以确定,但根据现场踏勘或其他资料可以推断出的滑坡。

注3:严重的滑坡是指滑坡体积≥50m^3,或滑坡体积≥25m^3 且滑坡体位于坡顶以上区域(坡顶以上区域的范围见附图 C.3)。

注4:若对以往发生的滑坡采取了有效的补强加固措施,则 B_{s2}取 0。

表 C.4　地表水的渗入(C_{s1})

分　　值	评定方法及依据
15	护面面积占坡面面积＜25%
10	25%≤护面面积占坡面面积＜50%
5	50%≤护面面积占坡面面积＜75%
0	护面面积占坡面面积≥75%

注:坡顶以上区域若有集水洼地,应取本级别的上一个级别的分数;坡顶区域指坡顶以上水平距离为 $H_0/2$ 以内的区域。

表 C.5　地 表 排 水(C_{s2})

分　　值	评定方法及依据
15	很少或无地表排水设施,且坡顶以上区域有地表水汇聚
10	很少或无地表排水设施
5	有部分地表排水设施,但功能不足
0	有足够的地表排水设施

注:功能不足指受地形、植被等环境影响或排水设施数量和断面尺寸等影响排水不畅。

表 C.6　输 水 设 施(C_{s3})

分　　值	评定方法及依据
15	有可能产生漏水的输水设施且发现有漏水迹象
10	有可能产生漏水的输水设施但尚无发现有漏水迹象
0	无可能产生漏水的输水设施

注:应考虑自坡顶开始 H_0 范围内的输水设施,具体评估时应根据实际情况确定。

表 C.7 渗　流(C_{s4})

分　值	评定方法及依据
15	在半坡高位置($H_0/2$)及以上部位有严重渗流
10	在半坡高位置($H_0/2$)及以上部位有轻微～中等渗流，或严重渗流发生在$H_0/2$以下位置
5	在半坡高以下位置($H_0/2$)轻微～中等渗流，或土质边坡/坡顶挡墙有渗流痕迹
0	无渗流痕迹
注1：严重渗流指流量≥$1m^3/d$，轻微～中等渗流指流量<$1m^3/d$。 **注2**：连续晴天时检查注意结合现场渗流痕迹、历史资料等信息。	

表 C.8 坡体岩土特性(D_{si})

分　值	评定方法及依据
40	差：残积土及沉积土
30	较差：坡体材料处于"中等"和"差"之间
20	中等：全风化土
10	良：坡体材料处于"好"与"中等"之间
0	好：坡体主要由强风化岩组成
注：若边坡存在不利地质条件，如不利走向的节理裂隙、软弱带、高度风化的裂缝等，视影响程度酌情采用下一不利级别的较高分数，或D_s取40。	

表 C.9 滑坡后果系数(K_s)

分　值	评定方法及依据
1.4	隧道口边坡
1.25	可能会造成较大及以上安全事故
	可能会造成严重交通拥堵或大面积滑坡(>$500m^3$)
1.0	其他不属于上述情况的边坡

表 C.10 坡 顶 设 施(F_{s1})

分　值	评定方法及依据
0.5	坡顶为建筑物
0.1	坡顶为山体

表 C.11 坡顶以上及坡脚以下地形特征(J_s)

分　值	评定方法及依据
1.5	坡顶角度β≥35°且坡底角度α≥30°
1.2	坡顶角度β<35°且坡底角度α≥30°
0.9	坡顶角度β≥35°且15°≤坡底角度α<30°
0.6	坡顶角度β<35°且15°≤坡底角度α<30°
0.3	坡顶角度β≥35°且坡底角度α<15°
0	坡顶角度β<35°且坡底角度α<15°

C.6 土质边坡安全风险检查评估表

宜按表 C.12 所示格式形成边坡安全风险检查评估表。

表 C.12 土质边坡安全风险检查评估表

<table>
<tr><td colspan="3">边坡名称：　　　　　　　　　　边坡桩号：
边坡风险等级：</td></tr>
<tr><td colspan="3" align="center">边坡平面图/断面图</td></tr>
<tr><td colspan="3"></td></tr>
<tr><td colspan="3" align="center">主要病害及缺损程度</td></tr>
<tr><td colspan="3">1. 发现不利地质条件：□是　　□否
2. 详述边坡病害和缺损的部位、面积(数量)、程度等。</td></tr>
<tr><td colspan="3" align="center">边坡防控对策意见与建议</td></tr>
<tr><td colspan="3"></td></tr>
<tr><td colspan="3" align="center">边坡照片(若必要的照片较多，可另行加页)</td></tr>
<tr><td colspan="3"></td></tr>
<tr><td>检查日期：</td><td>检查人：</td><td>审查人：</td></tr>
</table>

附　录　D
（规范性附录）
高速公路岩质边坡安全风险评估方法

D.1　岩质边坡安全风险分数

D.1.1　岩质边坡安全风险分数应按式（D.1）计算。

$$\mathrm{RS_r} = \mathrm{NF} \times \mathrm{IS_r} \times \mathrm{CS_r}/100 \qquad \text{(D.1)}$$

式中：$\mathrm{RS_r}$——岩质边坡安全风险分数；
　　NF——归一化因子；
　　$\mathrm{IS_r}$——岩质边坡稳定性分数；
　　$\mathrm{CS_r}$——岩质边坡滑坡后果分数。

D.1.2　对应破坏模式 B_r 的稳定性分数应按式（D.2）计算。

$$\mathrm{IS_r} = (A_{r1} + A_{r2}) + B_r \times (C_{r1} + C_{r2} + C_{r3} + D_{r1} + D_{r2}) + (E_{r1} + E_{r2}) \qquad \text{(D.2)}$$

式中：A_{r1}——对应岩质边坡高度的分值，按表 D.1 取值；
　　A_{r2}——对应岩质边坡角度分值，按表 D.2 取值；
　　B_r——对应边坡破坏模式分值，按表 D.3 取值；
　　C_{r1}——对应岩体不连续面间距分值，按表 D.4 取值；
　　C_{r2}——对应岩体不连续面结合程度分值，按表 D.5 取值；
　　C_{r3}——对应岩体不连续面发育程度分值，按表 D.6 取值；
　　D_{r1}——对应排水系统情况分值，按表 D.7 取值；
　　D_{r2}——对应边坡渗流情况分值，按表 D.8 取值；
　　E_{r1}——对应破损情况分值，按表 D.9 取值；
　　E_{r2}——对应以往发生的滑坡情况分值，按表 D.10 取值。

D.1.3　对应破坏模式 B_r 的滑坡后果分数应按式（D.3）计算。

$$\mathrm{CS_r} = K_r \times (F_r + G_r) \times H \times V_r \qquad \text{(D.3)}$$

式中：K_r——滑坡规模系数，按表 D.11 取值；
　　F_r——对应坡顶设施分值，$F_r = F_{r1} \times (\eta \times H - P_r)/(\eta \times H)$，$F_r$ 计算值小于 0 时取 0；
　　F_{r1}——坡顶为山体或者建筑物，按表 D.12 取值；
　　P_r——坡顶到坡顶设施的距离（m）；
　　η——参照表 D.13 取值。
　　G_r——对应坡脚设施分值，$G_r = 8 \times (\lambda \times H - Q_r)/(\lambda \times H)$，$G_r$ 计算值小于 0 时取 0；
　　Q_r——坡脚到坡脚设施的距离（m）；
　　λ——按表 D.13 取值。
　　V_r——破坏后果系数，按表 D.14 取值。

D.2　岩质边坡断面几何特征图

岩质边坡断面集合特征见图 D.1。

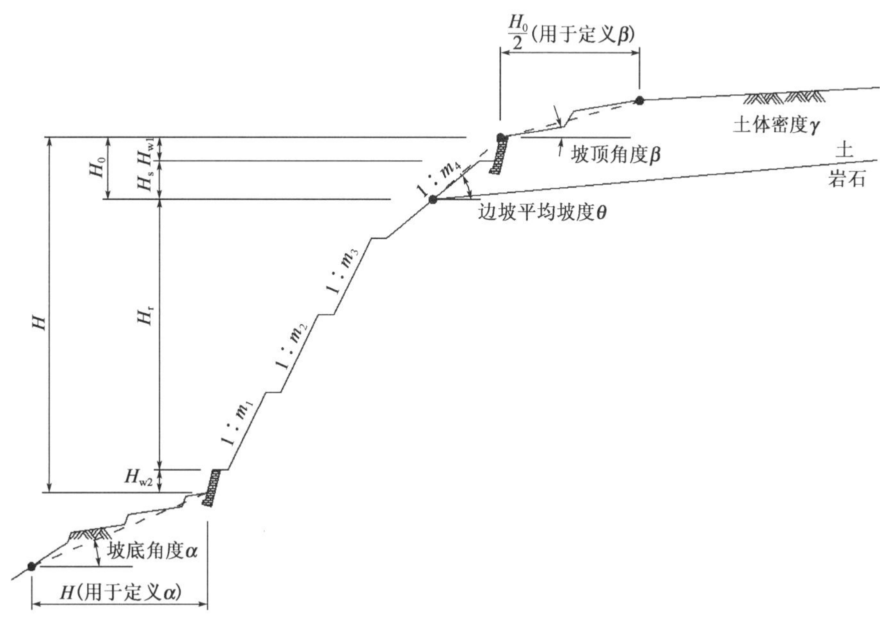

图 D.1　岩质边坡断面几何特征

D.3　岩质边坡安全风险评估各分项分值

岩质边坡安全风险评估各分项分值见表 D.1 ~ 表 D.15。

表 D.1　岩质边坡高度（A_{r1}）

分　　值	评定方法及依据
0	边坡有效高度 $H_e = 0$m
10	边坡有效高度 $H_e = 20$m
25	边坡有效高度 $H_e = 40$m
40	边坡有效高度 $H_e = 60$m
50	边坡有效高度 $H_e = 80$m
60	边坡有效高度 $H_e > 80$m
注：A_{r1}分值采用线性内插法计算且要求取整，如 $H_e = 10$m，则 $A_{r1} = 5$。	

表 D.2　岩质边坡角度（A_{r2}）

分　　值	评定方法及依据
0	边坡角度 $\theta = 0$
5	边坡角度 $\theta = 45°$
10	边坡角度 $\theta = 60°$
25	边坡角度 $\theta = 70°$
35	边坡角度 $\theta = 80°$
40	边坡角度 $\theta > 80°$
注：A_{r2}分值采用线性内插法计算且要求取整，如 $\theta = 65°$，则 $A_{r2} = 18$。	

表 D.3 边坡破坏模式(B_r)

分值	评定标准	
	描述	
3	崩塌脱落	内倾不连续面。边坡破坏仅限于单独的悬空岩块或者小于 $5m^3$ 的孤立松散块的脱落
3	倾倒破坏	主要的不连续面外倾且倾角大于坡角。与其垂直的不连续面切割产生的块体可能从边坡上倾倒破坏
0.75	平面破坏	主要的不连续面走向、倾向与坡面基本一致;倾角小于坡角且 5°≤倾角≤20°
3		主要的不连续面走向、倾向与坡面基本一致,倾角小于坡角且 21°≤倾角≤45°
5		主要的不连续面走向、倾向与坡面基本一致,倾角小于坡角且 >45°
0.5	楔体破坏	两组主要的不连续面的交线倾向坡面,倾角小于坡角且 5°≤倾角≤20°
2		两组主要的不连续面的交线倾向坡面,倾角小于坡角且 21°≤倾角≤45°
4		两组主要的不连续面的交线倾向坡面,倾角小于坡角且 >45°
4	破坏模式难以确定	有时岩质边坡被喷射混凝土等护面所覆盖,现场检查及通过资料收集均难以确定边坡破坏模式

表 D.4 岩体不连续面间距(C_{r1})

分 值	评定方法及依据
0	平均不连续面间距≥2m
5	平均不连续面间距 1m
10	平均不连续面间距 0.5m
20	平均不连续面间距 0.2m
30	平均不连续面间距 <0.2m

注 1:因护面覆盖而难以确定不连续面间距时,取 $C_{r1}=15$。
注 2:C_{r1} 分值采用线性内插法计算且要求取整,如平均不连续面间距为 0.3m,则 $C_{r1}=17$。

表 D.5 不连续面结合程度(C_{r2})

分 值	评定方法及依据
0	粗糙、紧闭、未风化或微风化
10	较粗糙,裂隙张开度 <1mm
20	较粗糙,1mm≤裂隙张开度≤5mm
30	较粗糙,裂隙张开度 <1mm,充填物强度差

表 D.5 不连续面结合程度(C_{r2})(续)

分　值	评定方法及依据
40	光滑,1mm≤裂隙张开度≤5mm,充填物强度差
50	光滑,裂隙张开度>5mm,充填物强度差
注1:对于崩塌脱落破坏取0~10,规模大的取大值。 注2:对于倾倒破坏取0~20,规模大的取大值。 注3:因护面覆盖而难以确定不连续面间距时取25。	

表 D.6 不连续面的发育程度(C_{r3})

分　值		评定方法及依据
倾倒/平面破坏	楔体破坏	
30	10	单个不连续面在岩石面暴露的长度>5m
15	5	1m≤单个不连续面在岩石面暴露的长度≤5m
0	0	单个不连续面在岩石面暴露的长度<1m
15		因护面覆盖而难以确定不连续面发育程度时
0		对于崩塌脱落破坏
注:不连续面的发育程度根据不连续面在岩石面暴露的长度来评价。		

表 D.7 排 水 系 统(D_{r1})

分　值	评定方法及依据
15	很少或无排水设施,且坡顶以上区域有地表水汇聚
10	很少或无排水设施
5	有部分排水设施,但功能不足
0	有足够的排水设施
注1:功能不足指受地形、植被等环境影响或排水设施数量和断面尺寸等影响排水不畅。 注2:当评价坡面排水设施是否完善时,要考虑排水设施是否能阻止水进入坡面,即使有排水设施,但表面水仍能进入坡面,或排水设施淤塞的,仍视作不完善。	

表 D.8 坡 体 渗 流(D_{r2})

分　值	评定方法及依据
0	在不连续面没有渗流痕迹
5	在单个的岩石不连续面有渗流,且流量<1m³/d
10	在多个岩石不连续面有渗流,且流量<1m³/d,或者单个岩石不连续面有渗流,且流量≥1m³/d
15	在多个岩石不连续面中有渗流,且流量≥1m³/d
注:连续晴天时检查注意结合现场渗流痕迹、历史资料等信息。	

表 D.9 边坡破损(E_{r1})

分 值	评定方法及依据
0	没有表面松动的迹象
5	局部表面松动或小的悬空岩块($0.01m^3$ < 体积 < $1m^3$)
15	边坡上有多处表面松动和小的悬空岩块
25	沿坡顶出现张拉裂缝
30	有可能脱落的大的悬空岩块(体积≥$1m^3$)

表 D.10 边坡以往发生滑坡(E_{r2})

分 值	评定方法及依据
0	无以往滑坡记录、无可观察到的滑坡证据,或滑坡已进行了有效的加固补强
2	可能的滑坡
5	确定的滑坡,且滑坡体积 < $50m^3$
10	确定的滑坡,且滑坡体积≥$50m^3$
注 1:确定的滑坡指根据有关文件记录能够确认的滑坡。 **注 2**:可能的滑坡指无文件记录,但根据现场踏勘或其他资料可以推断出的滑坡。	

表 D.11 滑坡规模(K_r)

分 值	评定方法及依据
0.2	滑坡规模 < $50m^3$
0.4	$50m^3$ ≤ 滑坡规模 < $500m^3$
0.6	滑坡规模≥$500m^3$
注:滑坡规模难以确定时取 0.4。	

表 D.12 坡顶设施(F_{r1})

分 值	评定方法及依据
0.1	坡顶为山体
0.5	坡顶有建筑物

表 D.13 参　　数(η,λ)

η		$K_r=0.2$	$K_r=0.4$	$K_r=0.6$
		0.5	0.8	1.0
λ	$J_r=0.0$	0.5	1.0	1.3
	$J_r=0.3$	0.6	1.2	1.5
	$J_r=0.6$	0.7	1.4	1.7
	$J_r=1.2$	0.9	1.8	2.3
	$J_r=0.9$	0.8	1.6	2.0
	$J_r=1.5$	1.0	2.0	2.6
注:J_r 的取值见表 D.15。				

表 D.14 破坏后果系数(V_r)

分　　值	评定方法及依据
1.4	隧道口边坡
1.25	可能造成较大及以上安全试过
	可能会造成严重交通拥堵或大面积滑坡(>500m^3)
1.0	其他不属于上述的边坡

表 D.15 岩质边坡坡顶以上及坡脚以下地形特征(J_r)

分　　值	评定方法及依据
0	坡顶角度<15°,坡底角度<15
0.3	坡顶角度≥15°,坡脚角度<15°
0.6	坡顶角度<15°,15°≤坡脚角度<30°
0.9	坡顶角度>15°,15°≤坡脚角度<30°
1.2	坡顶角度<15°,坡脚角度≥30°
1.5	坡顶角度>15°,坡脚角度≥30°
注:若坡顶为反坡,则按相应坡顶角度<15°项取值。	

D.4 岩质边坡安全风险检查评估表

宜按表 D.16 所示格式形成边坡安全风险检查评估表。

表 D.16　岩质边坡安全风险检查评估表

<table>
<tr><td>边坡名称：　　　　　　　　　　　　边坡桩号：
边坡风险等级：</td></tr>
<tr><td>边坡平面图/断面图</td></tr>
<tr><td></td></tr>
<tr><td>主要病害及缺损程度</td></tr>
<tr><td>1. 喷射混凝土护面岩质边坡：□是　　□否
2. 植被覆盖岩质边坡：□是　　□否
3. 有/无安全通道至坡顶：□有　　□无
4. 详述边坡病害和缺损的部位、面积（数量）、程度等。</td></tr>
<tr><td>边坡风险防控对策意见与建议</td></tr>
<tr><td></td></tr>
<tr><td>边坡照片（若必要的照片较多，可另行加页）</td></tr>
<tr><td></td></tr>
<tr><td>检查日期：　　　　　　　　检查人：　　　　　　　　审查人：</td></tr>
</table>

附　录　E
（规范性附录）
挡土墙安全风险评估方法

E.1　挡土墙安全风险分数

E.1.1　挡土墙安全风险分数应按式(E.1)计算。

$$RS_w = NF \times IS_w \times CS_w / 100 \quad \cdots\cdots (E.1)$$

式中：RS_w——挡土墙安全风险分数；

NF——归一化因子；

IS_w——挡土墙稳定性分数；

CS_w——挡土墙滑坡后果分数。

E.1.2　稳定性分数应按式(E.2)计算。

$$IS_w = (B_w \times C_w) + D_w + E_{w1} + E_{w2} + E_{w3} + E_{w4} + F_w + G_w + J_w \quad \cdots\cdots (E.2)$$

式中：B_w——对应挡土墙高厚比（H_e/B_w）的分值，如果 $H_e/B_w > 5$，按表 E.1 取值，对任意类型的挡土墙 $[(B_w \times C_w) + D_w]$ 皆取 200；

C_w——对应挡土墙墙后材料分值，按表 E.2 取值；

D_w——对应挡土墙破损状况的分值，按表 E.3 取值；

E_{w1}——对应墙顶区域渗水状况的分值，按表 E.4 取值；

E_{w2}——对应表面排水情况的分值，按表 E.5 取值；

E_{w3}——对应输水设施情况的分值，按表 E.6 取值；

E_{w4}——对应渗流情况的分值，按表 E.7 取值；

F_w——对应挡土墙类型的分值，按表 E.8 取值；

G_w——对应以往失稳情况分值，按表 E.9 取值；

J_w——对应墙脚下自然山坡平均角度得分，按表 E.10 取值。

E.1.3　滑坡后果分数应按式(E.3)计算。

$$CS_w = 2 \times (K_w + L_w) \times N \times V_w \quad \cdots\cdots (E.3)$$

式中：K_w——对应滑坡对墙顶设施影响得分，$K_w = 4[(1.2H_w - P_w)/(1.2H_w)]$，$P_w$ 为墙顶以上设施距墙顶的距离；当 K_w 小于 0 时值取 0；

L_w——对应滑坡对墙脚设施影响得分，$L_w = 8\{[(2+M)H - Q_w]/[(2+M)H]\}$，$Q_w$ 为墙脚以外设施距墙脚的距离；当 L_w 小于 0 时值取 0；

M——对应墙顶上及墙脚下地形特征得分，参照表 E.11 取值；

N——对应滑坡后果系数，参照表 E.12 取值；

V_w——对应高度修正系数，$V_w = n_0 H_w$，若 $H_w > 20$m，则 H_w 取 20m；n_0 为对应滑坡稳定因子，整体失稳、局部失稳、微小失稳时分别取值 1.0、0.7、0.4。

E.2　挡土墙断面几何特征图

挡土墙断面几何特征见图 E.1。

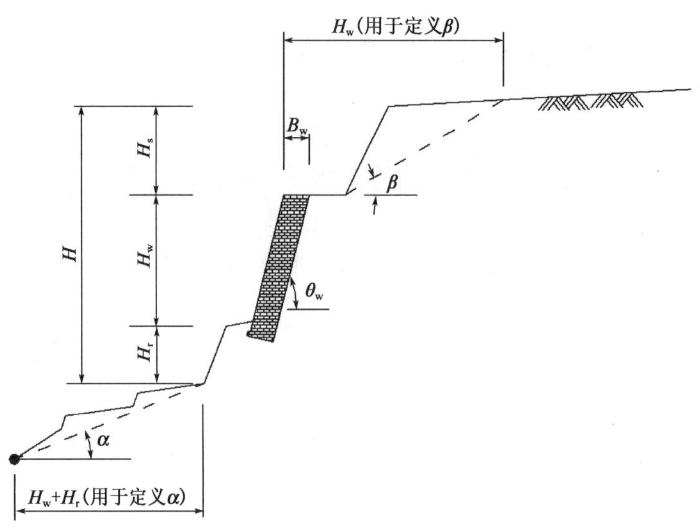

图 E.1　挡土墙断面几何特征分类

E.3　挡土墙安全风险评估各分项分值

挡土墙安全风险评估各分项分值见表 E.1 ~ 表 E.12。

表 E.1　挡土墙高厚比(B_w)

分　　值	评定方法及依据
100	4.2 < 挡土墙高厚比 $H_e/B_w \leq 5$
75	3.5 < 挡土墙高厚比 $H_e/B_w \leq 4.2$
50	2.8 < 挡土墙高厚比 $H_e/B_w \leq 3.5$
25	2.0 < 挡土墙高厚比 $H_e/B_w \leq 2.8$
0	挡土墙高厚比 $H_e/B_w < 2.0$
注:$H_e = H_w(1+0.35\tan\beta) + s/20$,$s$ 为挡土墙墙顶超载等效均布荷载。	

表 E.2　墙 后 材 料(C_w)

分　　值	评定方法及依据
1	填土或未知
0.7	坡积土、残积土、全风化或强风化岩石

表 E.3　挡土墙破损状况(D_w)

分　　值	评定方法及依据
100	极严重的变形或破损:大部分墙体脱落、墙体位移超过从墙脚处引出的垂直线或位移量 >75mm、墙顶水平向连续裂缝宽度或墙体竖向裂缝宽度大于 0.6% h
70	严重的变形或破损:部分墙体出现脱落、墙体位移小于从墙脚处引出的垂直线或位移量≤75mm、墙顶水平向连续裂缝宽度或墙体竖向裂缝宽度在 0.2% h ~ 0.6% h 范围内

表 E.3 挡土墙破损状况(D_w)(续)

分 值	评定方法及依据
30	中等的变形或破损:小部分砂浆脱离、肉眼可观察到墙体轻微位移、墙顶水平向连续裂缝宽度或墙体竖向裂缝宽度在 0.1% h ~ 0.2% h 范围内
0	轻微的变形或破损:整个墙体状况基本良好、肉眼很难观察到墙体位移、墙顶水平向连续裂缝宽度或墙体竖向裂缝宽度小于 0.1% h
注:h 为某处裂缝宽度测量点到墙脚(地面线)的高度。	

表 E.4 墙顶区域渗水(E_{w1})

分 值	评定方法及依据
15	不足 25% 的墙顶区域有护面
10	有 25% ~75% 的墙顶区域有护面
0	75% 以上的墙顶区域有护面
注 1:墙顶区域是指墙顶以外 $H_w/2$ 水平距离内的区域。 注 2:如果墙顶区域内存在积水洼地,则本级评分提高一级取值,但最高不大于 15。	

表 E.5 表 面 排 水(E_{w2})

分 值	评定方法及依据
15	墙顶上无排水设施,且墙顶以上区域有地表水汇聚
10	墙顶上无排水设施
5	墙顶上有排水设施但规模和数量不足
0	墙顶上有完善的排水设施,排水充分

表 E.6 输 水 设 施(E_{w3})

分 值	评定方法及依据
15	有可能产生漏水的输水设施且发现有漏水迹象
10	有可能产生漏水的输水设施但尚无发现有漏水迹象
0	无可能产生漏水的输水设施
注:应考虑墙顶外一倍墙高范围内所有可能在渗漏时对挡墙产生不良影响的输水设施,具体评估时应根据实际情况确定。	

表 E.7 渗 流 得 分(E_{w4})

分 值	评定方法及依据
15	在半墙高或以上部位有渗流,流量≥$1m^3/d$
10	在半墙高或以上部位有渗流,流量<$1m^3/d$ 或半墙高以下部位有渗流,流量≥$1m^3/d$
5	在半墙高以下部位有渗流,流量<$1m^3/d$,或墙面发现渗流痕迹
0	无渗流痕迹
注:连续晴天时检查注意结合现场渗流痕迹、历史资料等信息。	

表 E.8 类型得分(F_w)

分 值	评定方法及依据
30	浆砌石挡墙
15	片石混凝土挡墙
0	混凝土挡墙

表 E.9 失 稳(G_w)

分 值	评定方法及依据
10	整体性失稳
5	多次局部失稳或结构性失稳
2	局部失稳或仅有结构性失稳
0	无失稳或对以往发生的失稳采取了有效的补强加固措施
注:整体性失稳是指失稳波及整个墙体及墙后的土体;局部性失稳是指失稳波及部分墙体和土体;结构性失稳指只是使挡土墙结构破坏而墙后土体无变形。	

表 E.10 坡底角度(J_w)

分 值	评定方法及依据
60	$\alpha > 35°$
30	$25° < \alpha \leqslant 35°$
15	$15° < \alpha \leqslant 25°$
0	$\alpha \leqslant 15°$或墙脚下无自然山坡

表 E.11 墙顶及墙脚地形特征(M)

分 值	评定方法及依据
0	坡顶角度$\beta < 35°$且坡底角度$\alpha < 15°$
0.3	坡顶角度$\beta \geqslant 35°$
0.6	$15° \leqslant$坡底角度$\alpha < 30°$
1.2	坡顶角度$\beta \geqslant 35°$且$15° \leqslant$坡底角度$\alpha < 30°$
0.9	坡底角度$\alpha \geqslant 30°$
1.5	坡顶角度$\beta \geqslant 35°$且坡底角度$\alpha \geqslant 30°$

表 E.12 滑坡后果系数(N)

分 值	评定方法及依据
1.4	对于隧道口边坡
1.25	可能会造成较大及以上安全事故
	可能会造成严重交通拥堵或大面积滑坡($>500m^3$)
1.0	其他不属于上述情况的边坡

E.4 挡土墙安全风险检查评估表

宜按表 E.13 所示格式形成挡土墙安全风险检查评估表。

表 E.13 挡土墙安全风险检查评估表

<table>
<tr><td colspan="3">挡土墙名称：　　　　　　　　　　挡土墙桩号：
挡土墙风险等级：</td></tr>
<tr><td colspan="3">挡土墙平面图/断面图</td></tr>
<tr><td colspan="3"></td></tr>
<tr><td colspan="3">主要病害及缺损程度</td></tr>
<tr><td colspan="3">详述挡土墙病害和缺损的部位、面积（数量）、程度等。</td></tr>
<tr><td colspan="3">挡土墙风险防控对策意见与建议</td></tr>
<tr><td colspan="3"></td></tr>
<tr><td colspan="3">挡土墙照片（若必要的照片较多，可另行加页）</td></tr>
<tr><td colspan="3"></td></tr>
<tr><td>检查日期：</td><td>检查人：</td><td>审查人：</td></tr>
</table>

附 录 F
(资料性附录)
条 文 说 明

4 基本规定

4.1 边坡要素与分类

4.1.2 边坡分类方式有很多,但目前没有统一的分类及分类标准。为便于今后的养护工作,本条结合我省边坡特点,进行统一规定。

稳定性分析往往通过定性的经验判别、定量的稳定性计算或其综合的方式进行;安全风险评估则主要根据现场调查的具体对象反映,考量破坏后可能造成的危害与损失而进行,是一种半定量的方法。二者在经验判别的环节上有类似之处,但服务目的不同,不能互相取代、混淆。前者主要作为具体的工程方案拟定与实施的重要依据,后者主要服务于技术管理的规划与决策。在整个养护工作中,二者均起着重要的作用,故提出各自的分类类别及划分标准。

坡高划分依据考虑了我省山区高速公路比例较高,以及高陡边坡绝大多数以硬质岩边坡为主的特点。但对于构造影响特别不利,或以泥岩、炭质岩等极软岩为主,或土层和全风化层特别厚的路堑边坡,或软土地区的路堤边坡,其稳定性、安全风险受环境影响特别敏感,当主要考虑按坡高确定养护对策时,则不必拘泥。

4.2 边坡安全风险分类

浙江省交通投资集团借鉴香港边坡风险评估经验,结合我省高速公路边坡实际状况,经对旗下高速公路边坡风险评估数据的归纳总结,提出了风险分类标准,并出台《高速公路高边坡安全风险评估指引》,经多年试用,效果良好。省交通投资集团旗下高速公路里程占我省高速公路的60%以上,基本可以代表我省的特点,故以该《指引》为基础编制本标准,同时鼓励各单位或人员在使用中进一步总结、验证,以便修订时研用。

边坡安全风险分类界限是在对边坡安全风险评估结果基础上,通过统计确定的划分界限。边坡整体状况一般,但存在局部失稳危险的(可能是局部严重冲刷、小范围崩落、松动块石、局部滑坡等),即第Ⅲ类,这类边坡常需在日常养护中受到特别关注,需更加及时地采取适当措施进行处理,除特殊情况外一般不需要将整个边坡列入第Ⅳ类进行详细的稳定性研究和专项整治,从而占用有限的边坡治理资源。

安全风险分数为表征安全风险程度的指标,其计算得出的过程详见本标准5.5。

4.3 养护等级

目前,公路养护技术标准体系中尚无“养护等级”概念,但分级养护思想已日渐被业界接受,如:现行《城市道路养护技术规范》(CJJ 36)、《城市桥梁养护技术规范》(CJJ 99)均已明确划分了养护等级;现行《公路隧道养护技术规范》(JTG H12)也进行了养护等级划分,针对不同公路等级、不同交通量和隧道长度,实行差异化的养护频率与技术标准。按照这一思想,本标准引入“养护等级”概念,道路业主可根据边坡养护等级划分情况,合理配备整条道路的养护资源和技术力量,进行边坡养护规划;也鼓励在具体边坡的检查频率、养护措施、养护计划中推行考虑等级因素的尝试,以积累成熟经验,供日后修订时研用。

边坡养护等级划分时考虑的主要因素是边坡安全风险、交通量等。在实际运用中,由于各地、各项目路情况可能不同(如受台风多发影响等),可根据其他指标对养护等级进行适当调整。

4.4 养护规划

4.4.1 边坡失稳，对运营的影响和治理的代价都较大，故强调预防为主。

边坡养护规划实质上是指较长时间周期的养护计划，其提出的目的，是为体现预防为主，以便在较长周期内考量时，能保证养护资源使用的合理性和安排实施的科学性，并与具体的养护计划区分。

正常使用状态是指边坡及其设施在功能上持续处于“安全、稳固、耐久”的状态。

4.4.3 养护规划周期还与管理体制、人力物力、资金等非技术因素有关，不宜规定过死，过短意义不大，过长则影响效益，现综合我省实际，规定为3年~5年。此外，为体现差异化养护和预防性养护理念，鼓励当养护等级高的边坡占比较大时，采用较短的周期。

4.5 养护对策

4.5.1 具体养护对策的确定，考虑的因素较多，总体上安全风险大的边坡养护需求更迫切，养护投入的效益也更好，故一般情况下可以安全风险分类来确定。但特殊情况下，如受交通运营、资金、气候等限制时，可根据实际适当调整，但须加强巡查、监测及日常养护，确保安全。

5 检查与安全风险评估

5.3 定期检查

5.3.2 分析病害特征与所反映的稳定状态的关系，关键是判断病害是由于坡体变形引起还是由于日常养护不当或气候变化引起，后者与坡体稳定性无关，因而对应的养护对策也与前者不同。

5.5.5 完备的设计资料和施工记录，是判定边坡已进行了加固的必要条件。

c） 如果坡高随坡向不断变化，那么用于计算分数的边坡有效高度应该为有可能发生边坡破坏附近区域的边坡有效高度。该断面定义为关键断面，不一定对应于最大边坡有效高度。

6 日常养护

6.2 坡面

6.2.5 嵌补回填不能在边坡上贴土修补，应将毁坏的坡面从上到下挖成台阶，再分层填土夯实，夯实后的宽度要稍超出原来的坡面，以便切出坡面，与原坡面平顺衔接。

6.2.6 渗沟、盲沟用于引排边坡滞水或泉水，疏干潮湿的边坡，一般用于坡率不陡于1∶1的土质边坡，也常用于加固潮湿的容易发生表土坍滑的土质路堤边坡；深层排水孔用于引排地层内的地下水或分散的局部凹地中聚积的地下水，一般宜垂直于山坡走向或土体边坡走向。

6.4 素喷、锚喷

6.4.2 风化剥落主要指坡面混凝土在物理风化和水理作用下逐渐演变成碎屑物质剥离原来的坡面而坠落的病害。

6.4.5 一般情况下，混凝土坡面出现开裂属于正常现象，裂缝宽度较小时不会产生明显病害，可暂不进行处理，但随着裂缝的增大，地表水渗入坡体，可引发边坡坍塌等次生病害。

6.4.6 沉降错台指坡面出现张拉裂缝，且裂缝一侧向垂直方向发生位移的现象。其可能因施工过程中未分层喷射，一次喷射厚度较大引起，也可能因下伏岩土体变形而产生错裂。

6.4.7 泄水孔长期堵塞，坡体水不能有效排出，将影响边坡的局部甚至整体稳定性。坡面渗水将加快坡面的风化剥落。

6.4.8 边坡局部含水量特别大,同时边坡节理裂隙发育,且有一组或几组贯通结构面,岩体裂缝水发育,水流沿结构向坡体外排,坡体水向外渗涌。喷混凝土长期受强大水流的冲刷,易出现损毁。

6.5 柔性防护网

6.5.1 柔性防护网一般有主动防护网(覆盖)和被动防护网(拦截)两种形式。
6.5.2 主动防护网出现网下架空后,由于有限的锚杆要支撑更大的面积,可能使锚杆松动,防护网防护作用失效。
6.5.6 基座变形一般指被动防护网的基座发生位移、出现松动的现象。
6.5.8 随着网内兜石的增加,当其数量超过防护网的承载能力时,可导致防护网撕裂、挂绳锚杆脱落等病害。

6.6 挡土墙、护面墙

6.6.4 当地表水、地下水不能有效排出时,将减小边坡岩土体的抗剪强度,增大墙背的土压力,并引起墙体的进一步变形甚至破坏。

6.7 锚杆(索)框格

6.7.2 锚头渗水、锚垫锚具锈蚀,时间长了将引起锚固失效。

7 专项整治

7.1 一般规定

7.1.3 运营状态下的高速公路边坡整治工程,受到时间紧、作业条件局促等各种限制,前期勘察设计以及施工组织、施工设备都较为紧凑,需要加强施工过程中的动态跟踪,及时调整对策措施。

7.4 危落石

7.4.3 危石处治的方法主要有临空面支顶、锚固、高强钢丝柔性网主动拉固或被动性拦挡,以及注浆使危岩体整体化稳固等措施,实际应用时应注意结合不同地貌、植被、岩性的特点与差异,采取某种或多种方式组合,以达到安全彻底的效果。
7.4.4 对于一些体量较大、支撑较弱的孤石类,清除方法更为简单彻底,造价也不一定贵,石料甚至可综合利用;需注意的是施工中应组织好进场便道,防止小石块、施工工具之类的滚落,保证公路运营安全。

7.5 崩塌、坍塌

锚杆(索)不穿过卸荷区一定范围,起不到加固作用,故需注意卸荷区判别。

7.6 滑坡

7.6.3 滑坡工程的专业性较高,但勘察和设计、施工技术要求也相对成熟,交通运输部《公路工程地质勘察规范》(JTG C20)、《公路路基设计规范》(JTG D30)、《公路路基施工技术规范》(JTG F10),以及国土资源部《滑坡防治工程设计与施工技术规范》(DZ/T 0219)等相关规范均有详细的规定。
7.6.5 水是滑坡产生与发展的重要诱因,某些滑坡类型受水的影响比重甚至占据主导;此外,水的引导问题不解决,施工中的安全风险和作业环境、质量都会受到影响。因此,滑坡处治尤其应做好地表和地下水的封、截、导、排工作。
7.6.6 滑坡是一种复杂的地质力学现象,滑坡的发生、发展不但与坡体介质、坡体结构以及水的作用等诸多自然因素有关,还与工程开挖工序、开挖方法等很多人为因素有关。对滑坡进行治理,尤其是对一些大型复杂的滑坡,往往不是一蹴而就的,需利用施工中所采集的各种岩土体水文工程地质信息(如地下水位、水质、岩土体的变形、土压力的变化等数据)及时指导调整设计,反馈到施工中。这一方面可保证施工安全,另一方面可使设计更加合理。

8 边坡监测

8.3 监测方法

8.3.3 测斜管埋设过程中不可避免会发生扭转变形,而测斜管的扭转变形将直接影响测斜监测成果的准确性。因此,对于现场获取的所有测斜数据资料都必须进行扭转变形校正,以获取真实的变形情况。

8.3.7 考虑到自动监测预警系统的稳定性和监测现场的复杂性,为保证监测资料的可靠,提出进行人工测读校验。

8.4 监测点布设

8.4.4 滑坡上的测斜仪钻孔要求穿过预测滑动面以下的不动岩土体中,考虑到目前常用的滑动式测斜仪测量步距为0.5m,对于某一测孔需要5个~10个不动的测点来率定和修正测斜仪探头,以消除测斜仪系统误差,故在此规定管底嵌入稳定岩土层不少于2.5m。

8.6 预警控制标准

8.6.1 边坡工程及支护结构变形值的大小与边坡高度、地质条件、水文条件、支护类型、施工方案、坡顶荷载等多种因素有关,准确具体地提出预警值十分困难,故强调若有类似工程经验,可参照引用。

9 安全管理

9.1 一般规定

9.1.1 边坡突发事件发生后,要优先开展抢救生命、满足公众人身安全基本需求的紧急行动,最大限度地避免和减少突发事件造成的人员伤亡,保障高速公路营运的畅通和安全。边坡应急事件发生后,要立即启动应急预案,组建应急救援指挥机构和应急工作小组,包括综合协调小组、专家咨询小组、公路抢通小组、后勤保障小组等,小组成员包括业主、交警、路政、消防、医疗等单位的人员。

9.2 养护作业安全管理

9.2.3 边坡养护作业交通组织方式根据工程规模、施工方案等,可分为占道施工、单幅封闭施工、绕道施工等。

9.2.6 特殊季节指夏季高温、冬季严寒、雨季多雨等施工不利季节。

10 信息化管理

10.2 系统建立

10.2.3 在实际边坡信息化管理平台建立过程中,可根据实际管理需求建立包括但不限于基本信息子系统、检查监测子系统、评估决策子系统、养护维修子系统、档案管理子系统等应用系统。